POTENTES
PREPOTENTES
e IMPOTENTES

EDICIONES DE LA FLOR

Quino
   Potentes, prepotentes e impotentes. -14ª. ed. -Buenos Aires:
Ediciones de la Flor, 2008.
   112 p. ; 28x20 cm.

   ISBN 978-950-515-667-2

   1. Humor gráfico argentino I. Título
   CDD A867

Tapa: Roberto J. Kitroser

Décimocuarta edición: diciembre de 2008

Hecho el depósito que dispone la ley 11.723
Impreso en la Argentina
Printed in Argentina

POR SUPUESTO QUE, DE FRACASAR LA OPERACIÓN, USTED COMO INTERMEDIARIO RECIBIRÁ UN 7% DE LAS BOFETADAS QUE YO REPARTA

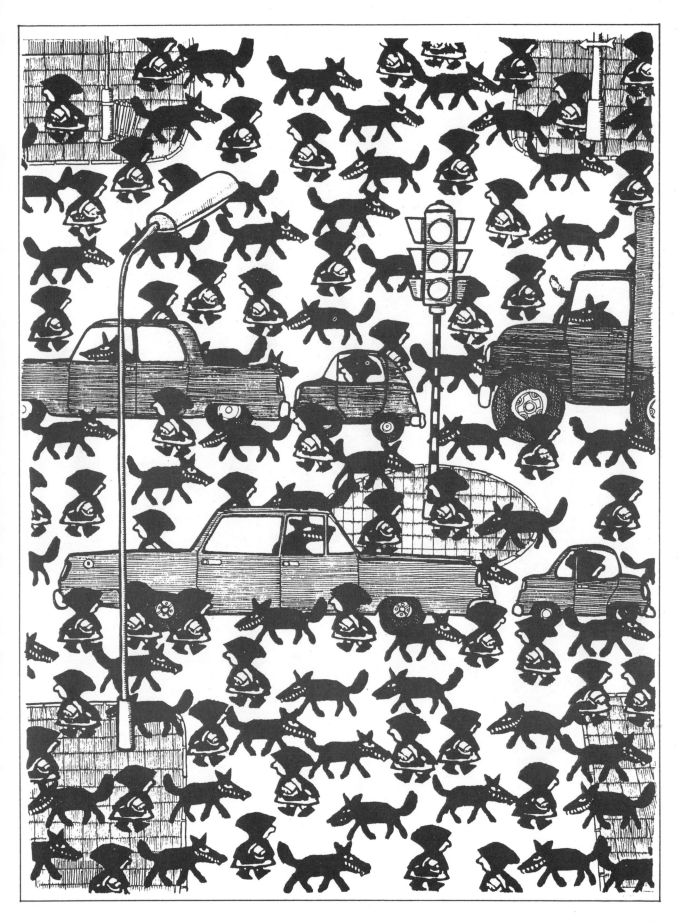

18

...Y SI ES VERDAD QUE ERRAR
ES HUMANO, NADIE PODRÁ
NEGARNOS EL MÉRITO DE
HABER ALCANZADO UN NIVEL
DE HUMANIDAD REALMENTE
ASOMBROSO

¡¡¿SERÁ POSIBLE QUE EN ESTE MUNDO NADIE PUEDA GOBERNAR TRANQUILO, POR ESA MALDITA MANÍA QUE TIENEN LOS PUEBLOS DE QUERER ESTAR SIEMPRE MEJOR DE LO QUE ESTÁN?!!

EL DOCTOR DON JOAQUÍN CHAMIZO VILLASANA, LÍDER
FUNDADOR DEL MOVIMIENTO "RECTITUD VERTICALISTA NACIONAL"
RODEADO POR DIRIGENTES Y COLABORADORES QUE SIGUEN
FIELMENTE SU DEFINIDA TENDENCIA IDEOLÓGICA.

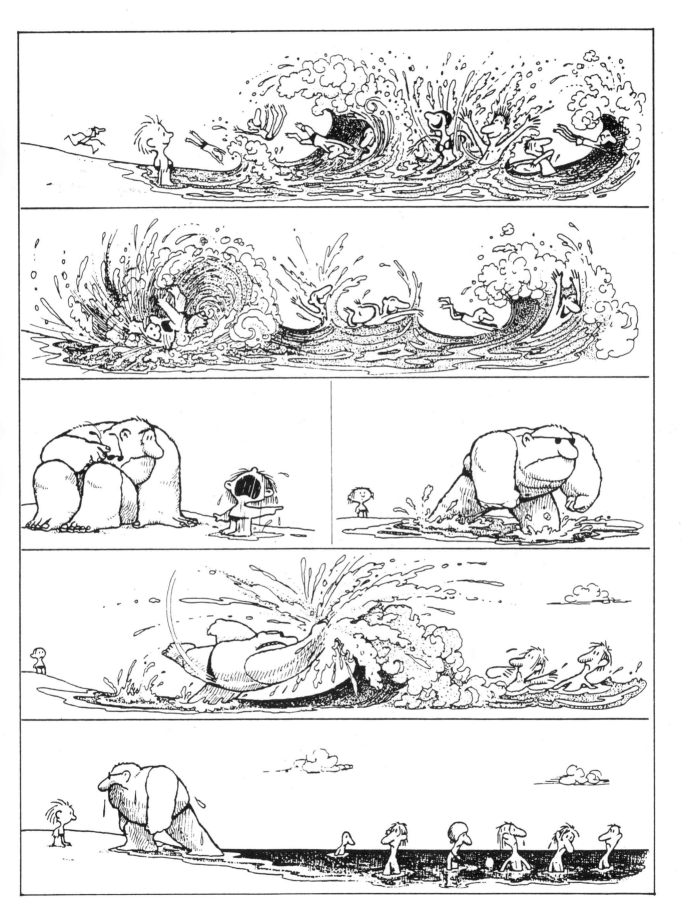

PERO..... SI A UNO NO LO DEJAN EXPRESAR LIBREMENTE SUS IDEAS.......

¿PARA QUÉ CUERNOS LA QUIERE, LA DEMOCRACIA?

—¡NADA!..¡HASTA QUE EL SARGENTO JARDINERO
NO TERMINE EL CAMOUFLAGE DEL SEÑOR COMANDANTE
AQUI NO AVANZA NADIE!

PAPÁ, ¿QUÉ ES UN ARSENAL TERMONUCLEAR?

NADA, HIJITO; UN LUGAR DONDE ALGUNOS PAÍSES CREEN TENER EL SEXO

.....Y ES AQUÍ QUE YO PREGUNTO¿ QUIÉN ES EL CULPABLE DE QUE ESTEMOS COMO ESTAMOS?

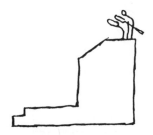

— ¡¡¿CÓMO QUE NO REMA MÁS?!!..¡¡ME EXTRAÑA,FERNÁNDEZ!!!..
¿¿ESTAMOS O NO ESTAMOS TODOS EN LA MISMA BARCA??

¡¡QUÉ ASCO!! ¡MIRÁ VOS LA BASURA QUE TIRA LA GENTE EN LA CALLE!!

¡¡QUÉ PORQUERÍA!!

¡AHÍ VA!... ¡TOTAL, SI TODOS SON VIVOS, UNO NO VA A SER EL ÚNICO ESTÚPIDO QUE SE GUARDE LA BASURA EN EL BOLSILLO PARA NO ENSUCIAR!!

¡¡ESO!!

¡¡MANO DURA, ESO HACE FALTA ACÁ!! ¿ALGUIEN TIRA BASURA? ¡¡CÁRCEL!! ¡SEA QUIEN SEA, SEIS MESES DE CÁRCEL!... ¡VERÍAS CÓMO ENTONCES....

...SE ACAB......

¿QUÉ HACE, ABUELO? ¿NO SABE QUE ESTÁ PROHIBIDO ARROJAR RESIDUOS EN LA VÍA PÚBLICA?

¡MEJOR VAYA! ¡PERO SEPA QUE LA PRÓXIMA VEZ......¿COMPRENDIDO?

¡¡QUÉ ASCO!! ¡MIRÁ VOS QUÉ BASURA, METERSE CON EL POBRE VIEJITO! ¡CLARO, ESTOS SON GUAPOS DENTRO DEL UNIFORME!

¡¡QUÉ PORQUERÍA!!

52

¡DESPUÉS DICEN QUE EN ESTE PAÍS NO SE PUEDE VIVIR!

GITANA LEER LÍNEAS DE TU MANO Y SABER DECIRTE SI TÚ TENER O NO SUERTE EN LA VIDA

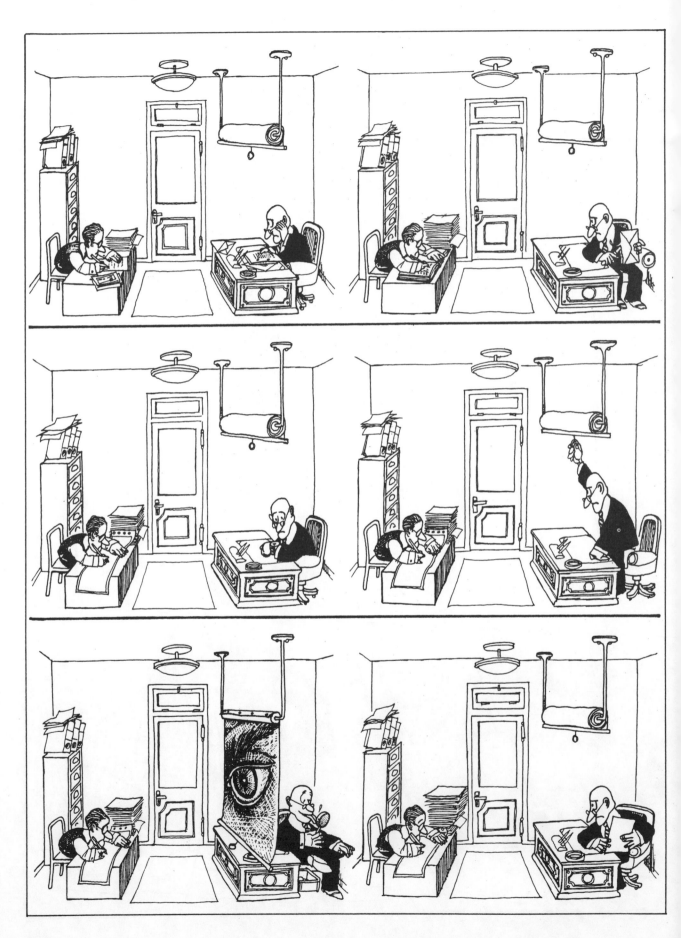

—ACLARAMOS AL ESTIMADO AUDITORIO QUE LA OBRA QUE EL
"TERCETO HARMONICUS" NOS BRINDA SEGUIDAMENTE NO ES
EL TRÍO Nº3 EN SOL MAYOR, DE HAYDN, PARA DOS FLAUTAS Y
VIOLONCELLO SINO EL TRÍO Nº3 EN SOL MAYOR, DE HAYDN,
PARA **VIOLONCELLO** Y DOS FLAUTAS.

— ..... ¡¿ SABE UD. CON **QUIÉN** ESTÁ HABLANDO ?!

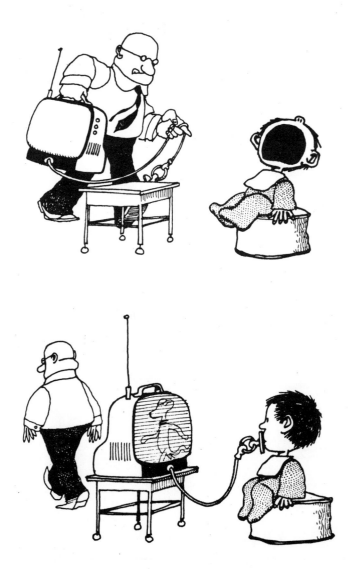

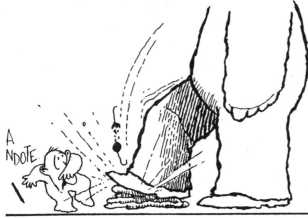

—PERO....¡SÍ USTEDES MISMOS ME PIDIERON DESTACAR
SUS DOTES DE HOMBRE DE ACCIÓN Y PADRE EJEMPLAR!

107

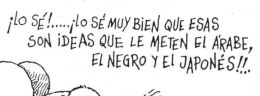

¡LO SÉ!.....¡LO SÉ MUY BIEN QUE ESAS SON IDEAS QUE LE METEN EL ÁRABE, EL NEGRO Y EL JAPONÉS!!..

Esta edición de 3.000 ejemplares se terminó de imprimir
en **KALIFÓN S.A.** Humboldt 66 (B1704GMB)
Provincia de Buenos Aires, Argentina, en diciembre de 2008.